This book belongs to:

D1247417

Mobile No:..
Password/Pin:.....................................
Other Stuff:..

Email:...
Password:...
Other Stuff:..

Email:...
Password:...
Other Stuff:..

Email:...
Password:...
Other Stuff:..

Bank:..

Bank Details:...

....

Username:..

Password:..

Memorable Word..

Email/Phone: ....

Bank:..

Bank Details:...

....

Username:..

Password:..

Memorable Word..

Email/Phone: ....

Bank:..

Bank Details:...

....

Username:..

Password:..

Memorable Word..

Email/Phone: ....

Tax Stuff ....

....

....

....

Passport: ....

Driving Licence: ....
Other info that would be useful for someone stealing my identity:

....

....

....

....

....

....

....

....

....

....

Website:..
Username:..
Password:..
Other Stuff:..

Website:..
Username:..
Password:..
Other Stuff:..

Website:..
Username:..
Password:..
Other Stuff:..

Website:..
Username:..
Password:..
Other Stuff:..

Website:..

Username:...

Password:..

Other Stuff:..

Website:..

Username:...

Password:..

Other Stuff:..

Website:..

Username:...

Password:..

Other Stuff:..

Website:..

Username:...

Password:..

Other Stuff:..

Website:..
Username:..
Password:...
Other Stuff:..

Website:..
Username:..
Password:...
Other Stuff:..

Website:..
Username:..
Password:...
Other Stuff:..

Website:..
Username:..
Password:...
Other Stuff:..

Website: ....
Username: ....
Password: ....
Other Stuff: ....

Website: ....
Username: ....
Password: ....
Other Stuff: ....

Website: ....
Username: ....
Password: ....
Other Stuff: ....

Website: ....
Username: ....
Password: ....
Other Stuff: ....

Website:...

Username:..

Password:..

Other Stuff:...

Website:...

Username:..

Password:..

Other Stuff:...

Website:...

Username:..

Password:..

Other Stuff:...

Website:...

Username:..

Password:..

Other Stuff:...

Website:..
Username:..
Password:..
Other Stuff:...

Website:..
Username:..
Password:..
Other Stuff:...

Website:..
Username:..
Password:..
Other Stuff:...

Website:..
Username:..
Password:..
Other Stuff:...

Website:..

Username:...

Password:..

Other Stuff:...

Website:..

Username:...

Password:..

Other Stuff:...

Website:..

Username:...

Password:..

Other Stuff:...

Website:..

Username:...

Password:..

Other Stuff:...

Website:..

Username:...

Password:..

Other Stuff:..

Website:..

Username:...

Password:..

Other Stuff:..

Website:..

Username:...

Password:..

Other Stuff:..

Website:..

Username:...

Password:..

Other Stuff:..

Website:..

Username:...

Password:..

Other Stuff:..

Website:..

Username:...

Password:..

Other Stuff:..

Website:..

Username:...

Password:..

Other Stuff:..

Website:..

Username:...

Password:..

Other Stuff:..

Website:...

Username:...

Password:..

Other Stuff:..

Website:...

Username:...

Password:..

Other Stuff:..

Website:...

Username:...

Password:..

Other Stuff:..

Website:...

Username:...

Password:..

Other Stuff:..

Website:...
Username:...
Password:...
Other Stuff:..

Website:...
Username:...
Password:...
Other Stuff:..

Website:...
Username:...
Password:...
Other Stuff:..

Website:...
Username:...
Password:...
Other Stuff:..

Website:...

Username:...

Password:..

Other Stuff:..

Website:...

Username:...

Password:..

Other Stuff:..

Website:...

Username:...

Password:..

Other Stuff:..

Website:...

Username:...

Password:..

Other Stuff:..

Website:..

Username:..

Password:...

Other Stuff:..

Website:..

Username:..

Password:...

Other Stuff:..

Website:..

Username:..

Password:...

Other Stuff:..

Website:..

Username:..

Password:...

Other Stuff:..

Website:..
Username:..
Password:...
Other Stuff:..

Website:..
Username:..
Password:...
Other Stuff:..

Website:..
Username:..
Password:...
Other Stuff:..

Website:..
Username:..
Password:...
Other Stuff:..

Website:..

Username:..

Password:...

Other Stuff:...

Website:..

Username:..

Password:...

Other Stuff:...

Website:..

Username:..

Password:...

Other Stuff:...

Website:..

Username:..

Password:...

Other Stuff:...

Website:..

Username:..

Password:...

Other Stuff:...

Website:..

Username:..

Password:...

Other Stuff:...

Website:..

Username:..

Password:...

Other Stuff:...

Website:..

Username:..

Password:...

Other Stuff:...

Website:...

Username:..

Password:...

Other Stuff:..

Website:...

Username:..

Password:...

Other Stuff:..

Website:...

Username:..

Password:...

Other Stuff:..

Website:...

Username:..

Password:...

Other Stuff:..

Website:...
Username:..
Password:...
Other Stuff:..

Website:...
Username:..
Password:...
Other Stuff:..

Website:...
Username:..
Password:...
Other Stuff:..

Website:...
Username:..
Password:...
Other Stuff:..

Website:...

Username:..

Password:...

Other Stuff:..

Website:...

Username:..

Password:...

Other Stuff:..

Website:...

Username:..

Password:...

Other Stuff:..

Website:...

Username:..

Password:...

Other Stuff:..

Website:..

Username:..

Password:..

Other Stuff:..

Website:..

Username:..

Password:..

Other Stuff:..

Website:..

Username:..

Password:..

Other Stuff:..

Website:..

Username:..

Password:..

Other Stuff:..

Website:..

Username:..

Password:...

Other Stuff:...

Website:..

Username:..

Password:...

Other Stuff:...

Website:..

Username:..

Password:...

Other Stuff:...

Website:..

Username:..

Password:...

Other Stuff:...

Website:..

Username:...

Password:..

Other Stuff:...

Website:..

Username:...

Password:..

Other Stuff:...

Website:..

Username:...

Password:..

Other Stuff:...

Website:..

Username:...

Password:..

Other Stuff:...

Website:...

Username:...

Password:..

Other Stuff:...

Website:...

Username:...

Password:..

Other Stuff:...

Website:...

Username:...

Password:..

Other Stuff:...

Website:...

Username:...

Password:..

Other Stuff:...

Website:...
Username:..
Password:...
Other Stuff:...

Website:...
Username:..
Password:...
Other Stuff:...

Website:...
Username:..
Password:...
Other Stuff:...

Website:...
Username:..
Password:...
Other Stuff:...

Website:..

Username:...

Password:..

Other Stuff:...

Website:..

Username:...

Password:..

Other Stuff:...

Website:..

Username:...

Password:..

Other Stuff:...

Website:..

Username:...

Password:..

Other Stuff:...

Website:...
Username:..
Password:...
Other Stuff:...

Website:...
Username:..
Password:...
Other Stuff:...

Website:...
Username:..
Password:...
Other Stuff:...

Website:...
Username:..
Password:...
Other Stuff:...

Website:...

Username:...

Password:..

Other Stuff:...

Website:...

Username:...

Password:..

Other Stuff:...

Website:...

Username:...

Password:..

Other Stuff:...

Website:...

Username:...

Password:..

Other Stuff:...

Website:...

Username:...

Password:...

Other Stuff:..

Website:...

Username:...

Password:...

Other Stuff:..

Website:...

Username:...

Password:...

Other Stuff:..

Website:...

Username:...

Password:...

Other Stuff:..

Website:...

Username:...

Password:...

Other Stuff:..

Website:...

Username:...

Password:...

Other Stuff:..

Website:...

Username:...

Password:...

Other Stuff:..

Website:...

Username:...

Password:...

Other Stuff:..

Website:..
Username:...
Password:..
Other Stuff:..

Website:..
Username:...
Password:..
Other Stuff:..

Website:..
Username:...
Password:..
Other Stuff:..

Website:..
Username:...
Password:..
Other Stuff:..

Website:...
Username:...
Password:...
Other Stuff:..

Website:...
Username:...
Password:...
Other Stuff:..

Website:...
Username:...
Password:...
Other Stuff:..

Website:...
Username:...
Password:...
Other Stuff:..

Website:...

Username:..

Password:...

Other Stuff:..

Website:...

Username:..

Password:...

Other Stuff:..

Website:...

Username:..

Password:...

Other Stuff:..

Website:...

Username:..

Password:...

Other Stuff:..

Website:...

Username:...

Password:...

Other Stuff:..

Website:...

Username:...

Password:...

Other Stuff:..

Website:...

Username:...

Password:...

Other Stuff:..

Website:...

Username:...

Password:...

Other Stuff:..

Website:..

Username:..

Password:...

Other Stuff:...

Website:..

Username:..

Password:...

Other Stuff:...

Website:..

Username:..

Password:...

Other Stuff:...

Website:..

Username:..

Password:...

Other Stuff:...

Website:..
Username:...
Password:..
Other Stuff:...

Website:..
Username:...
Password:..
Other Stuff:...

Website:..
Username:...
Password:..
Other Stuff:...

Website:..
Username:...
Password:..
Other Stuff:...

Website:...
Username:...
Password:...
Other Stuff:..

Website:...
Username:...
Password:...
Other Stuff:..

Website:...
Username:...
Password:...
Other Stuff:..

Website:...
Username:...
Password:...
Other Stuff:..

Website:..

Username:..

Password:...

Other Stuff:..

Website:..

Username:..

Password:...

Other Stuff:..

Website:..

Username:..

Password:...

Other Stuff:..

Website:..

Username:..

Password:...

Other Stuff:..

Website:...

Username:...

Password:..

Other Stuff:...

Website:...

Username:...

Password:..

Other Stuff:...

Website:...

Username:...

Password:..

Other Stuff:...

Website:...

Username:...

Password:..

Other Stuff:...

Website:..
Username:..
Password:...
Other Stuff:..

Website:..
Username:..
Password:...
Other Stuff:..

Website:..
Username:..
Password:...
Other Stuff:..

Website:..
Username:..
Password:...
Other Stuff:..

Website:...
Username:..
Password:..
Other Stuff:...

Website:...
Username:..
Password:..
Other Stuff:...

Website:...
Username:..
Password:..
Other Stuff:...

Website:...
Username:..
Password:..
Other Stuff:...

Website:...

Username:..

Password:...

Other Stuff:...

Website:...

Username:..

Password:...

Other Stuff:...

Website:...

Username:..

Password:...

Other Stuff:...

Website:...

Username:..

Password:...

Other Stuff:...

Website:...

Username:...

Password:...

Other Stuff:..

Website:...

Username:...

Password:...

Other Stuff:..

Website:...

Username:...

Password:...

Other Stuff:..

Website:...

Username:...

Password:...

Other Stuff:..

Website:...
Username:...
Password:..
Other Stuff:..

Website:...
Username:...
Password:..
Other Stuff:..

Website:...
Username:...
Password:..
Other Stuff:..

Website:...
Username:...
Password:..
Other Stuff:..

Website:..

Username:...

Password:..

Other Stuff:...

Website:..

Username:...

Password:..

Other Stuff:...

Website:..

Username:...

Password:..

Other Stuff:...

Website:..

Username:...

Password:..

Other Stuff:...

Website:..

Username:...

Password:..

Other Stuff:...

Website:..

Username:...

Password:..

Other Stuff:...

Website:..

Username:...

Password:..

Other Stuff:...

Website:..

Username:...

Password:..

Other Stuff:...

Website:...

Username:...

Password:...

Other Stuff:..

Website:...

Username:...

Password:...

Other Stuff:..

Website:...

Username:...

Password:...

Other Stuff:..

Website:...

Username:...

Password:...

Other Stuff:..

Website:...
Username:...
Password:..
Other Stuff:...

Website:...
Username:...
Password:..
Other Stuff:...

Website:...
Username:...
Password:..
Other Stuff:...

Website:...
Username:...
Password:..
Other Stuff:...

Website:..

Username:...

Password:..

Other Stuff:..

Website:..

Username:...

Password:..

Other Stuff:..

Website:..

Username:...

Password:..

Other Stuff:..

Website:..

Username:...

Password:..

Other Stuff:..

Website:...
Username:..
Password:...
Other Stuff:...

Website:...
Username:..
Password:...
Other Stuff:...

Website:...
Username:..
Password:...
Other Stuff:...

Website:...
Username:..
Password:...
Other Stuff:...

Website:...

Username:...

Password:..

Other Stuff:..

Website:...

Username:...

Password:..

Other Stuff:..

Website:...

Username:...

Password:..

Other Stuff:..

Website:...

Username:...

Password:..

Other Stuff:..

Website:...

Username:...

Password:...

Other Stuff:...

Website:...

Username:...

Password:...

Other Stuff:...

Website:...

Username:...

Password:...

Other Stuff:...

Website:...

Username:...

Password:...

Other Stuff:...

Website:..
Username:..
Password:...
Other Stuff:..

Website:..
Username:..
Password:...
Other Stuff:..

Website:..
Username:..
Password:...
Other Stuff:..

Website:..
Username:..
Password:...
Other Stuff:..

Website:...
Username:...
Password:..
Other Stuff:..

Website:...
Username:...
Password:..
Other Stuff:..

Website:...
Username:...
Password:..
Other Stuff:..

Website:...
Username:...
Password:..
Other Stuff:..

Website:...

Username:...

Password:..

Other Stuff:..

Website:...

Username:...

Password:..

Other Stuff:..

Website:...

Username:...

Password:..

Other Stuff:..

Website:...

Username:...

Password:..

Other Stuff:..

More Important Shit

....

....

....

....

....

....

....

....

....

....

....

More Important Shit

....

....

....

....

....

....

....

....

....

....

....

More Important Shit

....

....

....

....

....

....

....

....

....

....

....

More Important Shit

....

....

....

....

....

....

....

....

....

....

....

More Important Shit

....

....

....

....

....

....

....

....

....

....

....

More Important Shit

....

....

....

....

....

....

....

....

....

....

....

More Important Shit

....

....

....

....

....

....

....

....

....

....

....

More Important Shit

....

....

....

....

....

....

....

....

....

....

....

Even More Important Shit

....

....

....

....

....

....

....

....

....

....

....

Even More Important Shit

....

....

....

....

....

....

....

....

....

....

....

Even More Important Shit

....

....

....

....

....

....

....

....

....

....

....

Even More Important Shit

....

....

....

....

....

....

....

....

....

....

....

Even More Important Shit

....

....

....

....

....

....

....

....

....

....

....

Even More Important Shit

....

....

....

....

....

....

....

....

....

....

....

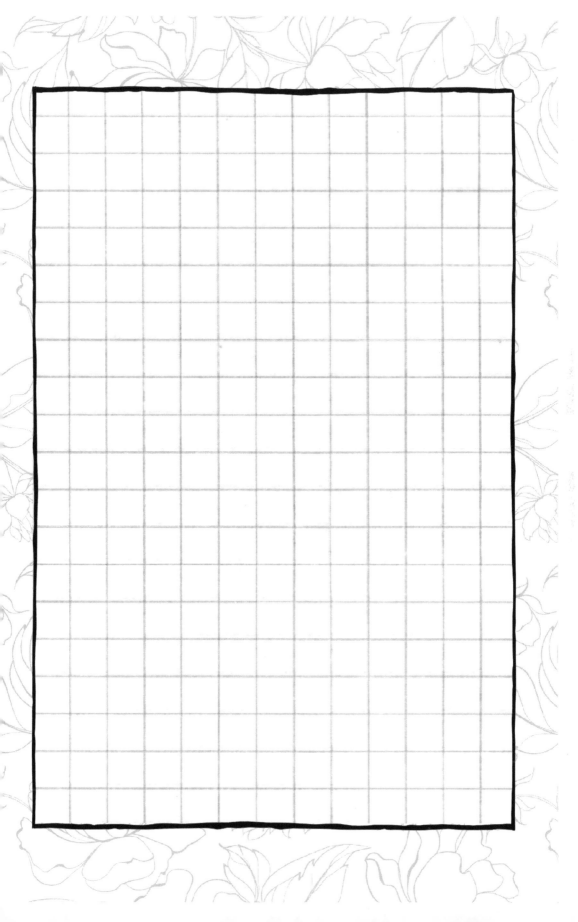

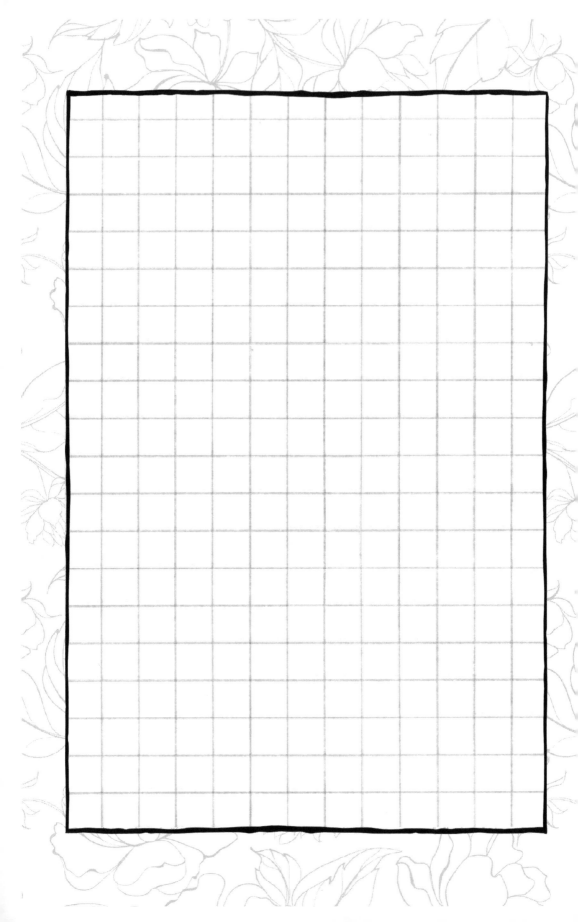

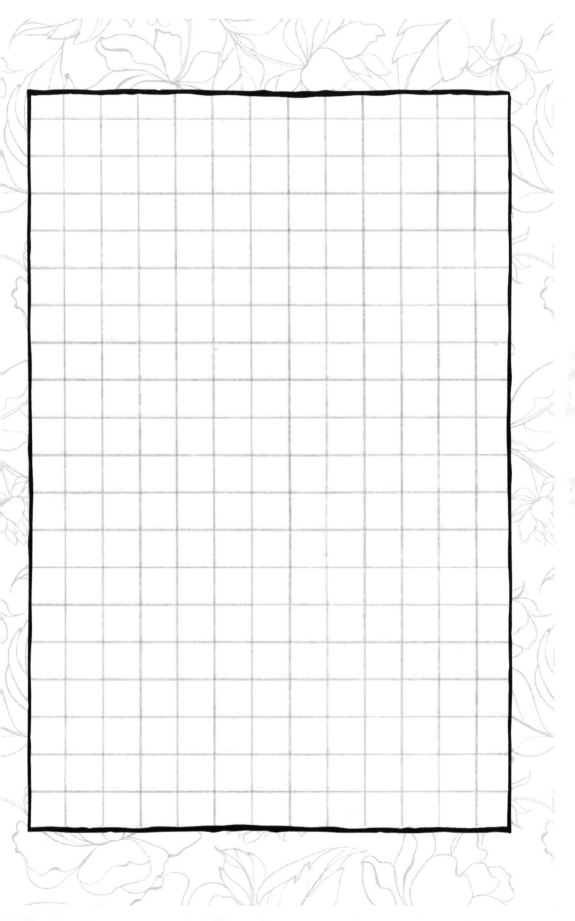

In case of death, please delete the
following accounts immediately.

Website:..
Username:..
Password:..
Other Stuff:..

Website:..
Username:..
Password:..
Other Stuff:..

Website:..
Username:..
Password:..
Other Stuff:..

Made in the USA
Middletown, DE
18 December 2022

19505336R00046